Resep Minuman Rum 2023

Cobalah Resep Minuman Rum untuk Menikmati Minuman yang Menyegarkan

Panji Andriani

DAFTAR ISI

NANAS MALIBU	12
MALIBU RUM-BALL	13
MALIBU SOL	14
HUJAN MUSIM PANAS MALIBU	15
MALIBU SUNTAN	16
MALIBU MANIS SIN	17
MALIBU TEQUILA BANANA	18
MALIBU TROPICAL BANANA SEX-A-PEEL	19
ANGIN TROPIS MALIBU	20
LEDAKAN TROPIS MALIBU	21
OASIS TROPIS MALIBU	22
SANGRIA TROPIS MALIBU	23
ASAM TROPIS MALIBU	24
MALIBU TROPICAL SUNRISE	25
MALIBU VANILLA BANANA-TINI	26
MIMPI VANILLA MALIBU	27
MAMA WANA	28
RAJA MAMBO	29
PEMAKAN MANUSIA	30
MANGO BAJITO	31
MANGO (ATAU JAMBU) DAIQUIRI	32
MIMPI MANGO FROZEN	33
MANGO MADRAS	34
MANGO MAI TAI	35
MANGO MAMBO	36

MANGO SPARKLER	37
MARTI MOJO	38
MARRY PICKFORD	39
KHUSUS MIAMI	40
JUTAWAN	41
JUTAWAN DAN ISTRINYA	42
KEGIATAN MISI	43
MO BAY MARTINI	44
MOJITO (267 MANGO TANDA TANGAN)	45
MOJITO (PIR APPLE)	46
MOJITO (LEBAH)	47
MOJITO (BERMUDA EMAS)	48
MOJITO (APEL BESAR)	49
MOJITO (KAPUR BRINLEY)	50
MOJITO (COCO RUM)	51
MOJITO (MENITIM)	52
MOJITO (JAHE)	53
MOJITO (MELON BESAR)	54
MOJITO (LIMÓN RUM)	55
MOJITO (BACARDI BERKAL RENDAH)	56
MOJITO (MAGA MALIBU)	57
MOJITO (BUAH GAIRAH MALIBU)	58
MOJITO (JUTAAN)	59
MOJITO (MALIBU NOCHE BLANCA)	60
MOJITO (O)	61
MOJITO (BACARDI ASLI)	62
MOJITO (RUM MERAH PERSIH)	63

MOJITO (SONNY) 64
MOJITO (pedas) 65
MOJITO (TRADISIONAL/KUBAN) 66
MOJITO (KLUB AIR) 67
MOJITO (BERRY LIAR) 68
MOJITO (MUSIM DINGIN) 69
MOJITO MARTINI 70
SANGRIA IBU 71
KHUSUS MONYET 72
KUNCI INGGRIS 73
MONTEGO MARGARITA 74
LAYAR SINAR BULAN 75
MORGAN CANNONBALL 76
MORGAN'S JOLLY ROGER 77
MERAH MERAH MORGAN 78
RUM ALEXANDER BERBUMBU MORGAN 79
WANITA MORGAN 80
GUNT GAY GRINDER 81
PAK. MENJILAT 82
MTB & JAHE 83
SCREECH teredam 84
saus apel MYERS 85
GELOMBANG PANAS MYERS 86
POT MADU MYERS 87
TETES LEMON MYERS 88
MYERS'S LOUNGE LIZARD 89
RUM MYERS DAN COCOA PANAS TROPIS 90

MYERS'S RUM BAREL 91

MYERS'S RUM COZY 92

GROG LIBUR RUM MYERS 93

NOG LIBUR RUM MYERS 94

PUNCH PENANAK RUM MYERS... 95

MYERS'S RUM SHARKBITE 96

MYERS'S RUM SUNSHINE COCKTAIL 97

SIZZLER MYERS.. 98

MYRTLE BANK PUNCH 99

NAVY GROG 100

NEON 101

NEWFOUNDLAND NIGHT-CAP 102

NILLA COLA 103

NINETINI 104

NUFF RUM 105

NYOTA (SWAHILI UNTUK BINTANG) 106

BERMUDIAN TUA 107

COCKTAIL "SATU-GRAND" 108

Mangkuk Jeruk... 109

KOLADA ORANGE 110

PIA COLADA ASLI 111

ORO & SODA 112

ORO COSMO 113

ORO GIMLET 114

ORO DI BATU BATU 115

WANITA LAIN 116

MARTINI JERUK JERUK GOSLING.. 117

PUNCH ANGGUR	118
BELALANG	119
PENGGALI KUBURAN	120
PUTIH HEBAT	121
MONYET HIJAU	122
burung beo HIJAU	123
GUAYAVITA	124
HAPPY ENDINGS' GILLIGAN	125
TOPI KERAS	126
HAVANA BANANA FIZZ	127
HAVANA SIDECAR	128
KHUSUS HAVANA	129
DAISY HAWAI	130
HAWAI HULA	131
MALAM HAWAI	132
COBLER PERKEBUNAN HAWAIIAN	133
HEMINGWAY DAIQUIRI	134
SAPI PISANG KUDUS	135
RUM PANAS BERMENTEGA	136
RUM PANAS DAN CIDER PUNCH	137
VOODOO AYAH PANAS	138
KACA JAM	139
PALU	140
Badai ANDREW	141
PEMECAH ES	142
DALAM PINK	143
LEWATKAN YANG TIDAK BERBEDA	144

MAI TAI INTERNASIONAL	145
ES TEH ISLA GRANDE	146
SUNSET PULAU	147
PULAU VOODOO	148
COLADA ITALIA	149
GIOK	150
SALJU JAMAIKA	151
LIBUR JAMAIKA	152
SHAKE JAMAIKA	153
SUNSET JAMAIKA	154
PANGGILAN BANGUN JAMAIKA	155
Kekasih Cemburu	156
JONESTOWN COOL-AID	157
JUMBLE brew	158
lompat dan cium aku	159
JUMP UP BANANA-NANA	160
JUNGLE FLAME	161
KAHLUA COLADA	162
KUNCI MIMPI KAPUR	163
LAGU KUNCI BARAT	164
KILLA'COLA	165
PEMBUNUH COLADA	166
RITA " PEMBUNUH "	167
KOPI KINGSTON	168
KINGSTON COSMO	169
KINGSTON SOUR	170
KOKO-COLA	171

KON-TIKI	172
LABADU	173
LADY HAMILTON	174
TAWA	175
LIGHT 'N STORY	176
LIME FIZZ	177
LIME LUAU	178
LIMÓN MERINGUE PIE SHOT DRINK	179
RAMUAN CINTA	180
Tongkat CINTA	181
WANITA BERUNTUNG	182
MALIBU ACOMPÁÑAME	183
MALIBU SETELAH TAN	184
MALIBU PISANG SAPI	185
MALIBU BANANA-BERRY SPLIT	186
MALIBU BANANA MANGO BREEZE	187
MALIBU BANANA PADDY	188
MALIBU BANANA SPLIT	189
MALIBU BANANA TROPIC-TINI	190
MALIBU BANANA ZINGER	191
PANTAI MALIBU	192
LAGOON BIRU MALIBU	193
MALIBU KARIBENO	194
MALIBU COCO COLADA MARTINI	195
MALIBU COCO-COSMO	196
MALIBU COCO-LIBRE	197
KRIM KELAPA MALIBU	198

PENYEMBUH KELAPA MALIBU	199
MALIBU TANPA AKHIR MUSIM PANAS	200
KICK PERANCIS MALIBU	201
MALIBU ISLA VIRGEN	202
MALIBU MANGO TELUK ANGIN	203
MALIBU MANGO KAMIKAZE	204
MALIBU MANGO-LIME MARTINI	205
MALIBU MANGO MAI TAI	206
MALIBU MARGARITA	207
MALIBU MEGA-NUT	208
MALIBU MEXICANA MAMA	209
Angin Tengah Malam MALIBU	210
MALIBU NOCHE LIBRE	211
MALIBU DI PANTAI	212
MALIBU ORANGE COLADA	213
GAIRAH ORANGE MALIBU	214
MALIBU PASSION FRUIT COSMO	215
MALIBU PASSION FRUIT SAKE-TINI	216
MALIBU PASSION POPPER	217
MALIBU PASSION TEH	218
NANAS MALIBU COSMOPOLITAN	219

NANAS MALIBU

2 bagian rum nanas Malibu

bagian tiga kali dtk

air jeruk nipis secukupnya

percikan jus jeruk

irisan jeruk untuk hiasan

Kocok dengan es dan saring ke dalam gelas martini. Hiasi dengan irisan jeruk.

MALIBU RUM-BALL

2 bagian rum kelapa Malibu

2 bagian melon liqueur atau melon puree

MALIBU SOL

3 bagian rum kelapa Malibu

bagian amaretto

bagian nanas

bagian jus lemon segar

Sajikan di atas es dalam gelas batu.

HUJAN MUSIM PANAS MALIBU

1 bagian rum kelapa Malibu

1 bagian Stoli vodka

1 bagian air jeruk nipis segar

2 bagian soda klub

irisan jeruk nipis untuk hiasan

Sajikan di atas es dalam gelas tinggi dan hiasi dengan irisan jeruk nipis.

MALIBU SUNTAN

1½ ons. Malibu rum

5 ons. es teh

perasan lemon

    Sajikan di atas es.

MALIBU MANIS SIN

1 bagian rum mangga Malibu

perasan air jeruk nipis

percikan jus cranberry

percikan Bacardi 151 rum

MALIBU TEQUILA BANANA

1 bagian Malibu Tropical banana rum

1 bagian Tezón Reposado tequila

perasan air jeruk nipis

MALIBU TROPICAL BANANA SEX-A-PEEL

1 bagian Malibu Tropical banana rum

bagian Frangelico

bagian krim Irlandia

ceri untuk hiasan

Kocok dan sajikan di atas batu. Hiasi dengan ceri.

ANGIN TROPIS MALIBU

1 bagian rum kelapa Malibu

1 bagian jus cranberry

2 bagian jus nanas

irisan nanas untuk hiasan

Sajikan dalam gelas tinggi dan hiasi dengan irisan nanas.

LEDAKAN TROPIS MALIBU

2 bagian rum kelapa Malibu

2 bagian jus nanas

1 bagian jus delima

Sajikan di atas es dalam gelas tinggi.

OASIS TROPIS MALIBU

2 bagian rum kelapa Malibu

1 bagian amaretto

2 bagian yogurt vanila beku

1 bagian jus jeruk

1 bagian jus nanas

lari sayang

Blender dan sajikan sebagai shake beku.

SANGRIA TROPIS MALIBU

2 bagian rum pisang tropis Malibu

2 bagian anggur merah

1 bagian 7UP

1 bagian jus jeruk

buah segar untuk hiasan

ceri untuk hiasan

Hiasi dengan buah-buahan segar dan ceri.

ASAM TROPIS MALIBU

1¼ bagian Rum pisang tropis Malibu

bagian apel asam Hiram Walker

bagian campuran asam segar

pembuka botol oranye untuk hiasan

Kocok dan saring ke dalam gelas martini. Hiasi dengan pembuka botol oranye.

MALIBU TROPICAL SUNRISE

1½ bagian Rum pisang tropis Malibu

1 bagian jus jeruk

1 bagian soda lemon-lime

ceri untuk hiasan

Hiasi dengan ceri.

MALIBU VANILLA BANANA-TINI

1½ bagian Rum pisang tropis Malibu

2½ bagian Stoli Vanil vodka

percikan amaretto

twist oranye untuk hiasan

Hiasi dengan twist oranye.

MIMPI VANILLA MALIBU

1 bagian rum kelapa Malibu

bagian Stoli Vanil vodka

bagian jus nanas

MAMA WANA

1 ons. Rum jeruk Cruzan

1 ons. Rum pisang Cruzan

Tuang ke dalam gelas di atas es batu.

RAJA MAMBO

1 ons. Tommy Bahama White Sand rum

1 ons. rum kelapa

ons. Tommy Bahama Golden Sun rum

ons. bir pisang

3 ons. jus nanas

tombak nanas untuk hiasan

Kocok dalam gelas pilsner dengan es. Hiasi dengan tombak nanas.

PEMAKAN MANUSIA

1 ons. Rum Whaler's Great White

4 ons. soda

ons. Grenadine

ceri untuk hiasan

Tuang ke dalam gelas koktail di atas es. Hiasi dengan ceri.

MANGO BAJITO

1 ons. Rum berbumbu Kapten Morgan

ons. tiga sec

3 ons. jus mangga

percikan sampanye

Aduk rata dengan es serut. Sajikan dalam gelas koktail atau frappe.

MANGO (ATAU JAMBU) DAIQUIRI

1½ ons. Satu barel rum

ons. perasan jeruk nipis segar

ons. sirup sederhana

ons. nektar mangga (atau nektar jambu biji)

1 sendok teh. Gula

irisan jeruk nipis untuk hiasan

Kocok dengan es dan saring ke dalam gelas martini dingin. Hiasi dengan irisan jeruk nipis.

MIMPI MANGO FROZEN

1¼ ons. Rum mangga Captain Morgan Parrot Bay

ons. Amaretto

ons. tiga sec

2 ons. jus jeruk

1 sendok es krim vanila

roda oranye untuk hiasan

Blender hingga halus dengan 1 gelas es dan tuangkan ke dalam gelas. Hiasi dengan roda oranye.

MANGO MADRAS

1½ ons. Rum mangga Parrot Bay

2 ons. Jus cranberry

2 ons. jus jeruk

irisan jeruk untuk hiasan

Tuang ke dalam gelas di atas es dan aduk. Hiasi dengan irisan jeruk.

MANGO MAI TAI

1¼oz. Rum mangga Captain Morgan Parrot Bay

1½ ons. campuran margarita

1½ ons. jus nanas

ons. Sirup Orgeat

ons. Grenadine

irisan nanas untuk hiasan

ceri bertangkai untuk hiasan

Kocok dengan es dan tuangkan ke dalam gelas. Hiasi dengan irisan nanas dan cherry bertangkai.

MANGO MAMBO

1½ ons. Schnapps mangga Hiram Walker

1½ ons. Rum pisang tropis Malibu

Kocok dengan es. Sajikan langsung dalam gelas martini dingin.

MANGO SPARKLER

ons. Satu barel rum

ons. nektar mangga

2 ons. Sampanye nektar terbanyak

Aduk dengan es dan saring ke dalam seruling sampanye dingin.

MARTI MOJO

1 bagian Marti Autentico rum

1 bagian jus nanas

1 bagian jus cranberry

setangkai mint untuk hiasan

nanas untuk hiasan

Kocok dengan baik dan sajikan dalam gelas martini. Hiasi dengan setangkai mint segar dan nanas.

MARRY PICKFORD

1½ ons. Rum putih Puerto Rico

1½ ons. jus nanas

percikan grenadine

Kocok dengan 1 sendok es serut.

KHUSUS MIAMI

1 ons. Bacardi light rum

ons. Hiram Walker white creme de menthe

ons. jus lemon atau jus jeruk nipis Rose

Kocok dan tuangkan ke dalam gelas martini dingin.

JUTAWAN

ons. Kapten Morgan Rum berbumbu asli

ons. minuman keras créme de banana

2 ons. jus jeruk

1 ons. campuran asam

ons. sirup batang

ons. Grenadine

Blender lima bahan pertama dengan 1 cangkir es serut sampai cair. Tambahkan grenadine dan aduk sedikit.

JUTAWAN DAN ISTRINYA

1 ons. rum mangga malibu

1 ons. Minuman keras Alize Red Passion

sampanye

lemon twist untuk hiasan

Kocok dua bahan pertama dengan es dan saring ke dalam gelas martini. Taburi dengan sampanye dan hiasi dengan sentuhan lemon.

KEGIATAN MISI

2 ons. Rum Vanille Whaler

ons. Amaretto

2 ons. jus buah markisa

2 ons. jus jeruk

irisan jeruk nipis untuk hiasan

ceri untuk hiasan

Isi gelas badai dengan es. Tambahkan bahan ke dalam pengocok koktail dan aduk rata. Tuang di atas es dan hiasi dengan irisan jeruk nipis dan ceri.

MO BAY MARTINI

2 ons. Appleton Estate V/X Rum Jamaika

ons. vermouth ekstra kering

zaitun untuk hiasan

Kocok dengan es dan saring ke dalam gelas martini. Hiasi dengan zaitun.

MOJITO (267 MANGO TANDA TANGAN)

2½ ons. 267 Infus rum mangga

4 tangkai mint segar (ditambah lagi untuk hiasan)

percikan air soda

irisan jeruk nipis untuk hiasan

Campurkan empat tangkai mint segar di bagian bawah gelas. Tambahkan infus rum mangga dengan percikan air soda. Hiasi dengan irisan jeruk nipis dan lebih banyak tangkai mint.

MOJITO (PIR APPLE)

1 bagian Bacardi Limón

1 bagian Bacardi Big Apple

2 lembar daun mint

2 bagian jus nanas

2 bagian soda klub

2 buah jeruk nipis

1 sendok teh. Gula

Campur gula, daun mint, dan jeruk nipis dalam gelas dan hancurkan dengan baik. Tambahkan Bacardi Limón, Bacardi Big Apple, dan jus nanas, lalu tambahkan soda klub.

MOJITO (LEBAH)

1 bagian Bacardi Rum

3 bagian soda klub

12 daun mint

jus jeruk nipis

1 sendok teh. sayang

tangkai mint atau roda jeruk nipis untuk hiasan

Masukkan daun mint dan es serut ke dalam gelas. Aduk rata dengan alu. Tambahkan air jeruk nipis, madu, dan Bacardi; aduk rata. Tutup dengan soda klub, aduk, dan hiasi dengan setangkai mint atau roda jeruk nipis.

MOJITO (BERMUDA EMAS)

2 ons. Rum Bermuda Emas Gosling

6–8 daun spearmint

ons. air jeruk nipis segar

1 sendok teh. serbuk gula sangat halus

ons. klub soda

ons. Rum Segel Hitam Gosling

Dalam gelas kuno yang besar, campurkan air jeruk nipis, gula, dan daun spearmint (sisakan beberapa untuk hiasan), memar spearmint dengan baik. Tambahkan rum dan es Bermuda Emas Gosling. Taburi dengan percikan soda klub dan pelampung rum Segel Hitam Gosling. Hiasi dengan sisa daun spearmint.

MOJITO (APEL BESAR)

1 bagian Bacardi Big Apple rum

3 bagian soda klub

12 daun mint

jeruk nipis

bagian gula

tangkai mint, roda jeruk nipis, atau irisan apel hijau untuk hiasan

Masukkan daun mint, gula, dan jeruk nipis ke dalam gelas. Hancurkan dengan baik dengan alu. Tambahkan rum Bacardi Big Apple, tutup dengan soda klub, aduk rata, dan hiasi dengan setangkai mint dan roda jeruk nipis atau irisan apel hijau.

MOJITO (KAPUR BRINLEY)

2 bagian Brinley Gold lime rum

3 bagian soda klub

jeruk nipis

6 daun mint

1 sendok teh. Gula

Peras dan campurkan jeruk nipis. Blender dengan es serut.

MOJITO (COCO RUM)

1 bagian Bacardi Coco rum

3 bagian soda lemon-lime

12 daun mint

jeruk nipis

tangkai mint untuk hiasan

Tempatkan daun mint dan jeruk nipis dalam gelas dan hancurkan dengan baik. Tambahkan rum dan soda dan hiasi dengan setangkai mint.

MOJITO (MENITIM)

1½ ons. 10 Rum tebu

1 ons. perasan jeruk nipis segar

1 ons. sirup sederhana

8–10 daun mint

4 buah timun kupas

soda klub ke atas

irisan mentimun/tongkat untuk hiasan

Tempatkan sirup sederhana, daun mint, dan mentimun di dasar gelas tinggi. Tekan perlahan dengan muddler. Isi dengan es yang pecah. Tambahkan 10 tebu dan air jeruk nipis. Aduk perlahan dan tutup dengan soda. Hiasi dengan irisan atau tongkat mentimun.

MOJITO (JAHE)

1 bagian Bacardi rum

3 bagian bir jahe

12 daun mint

jeruk nipis

bagian gula sederhana

Sama seperti Bacardi Mojito Asli, tetapi menggunakan bir jahe daripada soda klub.

MOJITO (MELON BESAR)

1 bagian Bacardi Grand Melon rum

3 bagian soda klub

12 daun mint

jeruk nipis

bagian gula

tangkai mint untuk hiasan

roda jeruk nipis atau irisan semangka untuk hiasan

Masukkan daun mint, gula, dan jeruk nipis ke dalam gelas. Hancurkan dengan baik dengan alu. Tambahkan rum Bacardi Grand Melon, tutup dengan soda klub, aduk rata, dan hiasi dengan setangkai mint dan roda jeruk nipis atau irisan semangka.

MOJITO (LIMÓN RUM)

1 bagian Bacardi Limón rum

3 bagian soda klub

12 daun mint

jeruk nipis

bagian gula

tangkai mint untuk hiasan

jeruk nipis atau lemon untuk hiasan

Masukkan daun mint, gula, dan jeruk nipis ke dalam gelas. Hancurkan dengan baik dengan alu. Tambahkan rum Bacardi Limón, tutup dengan soda klub, aduk rata dan hiasi dengan setangkai mint dan roda jeruk nipis atau lemon.

MOJITO (BACARDI BERKAL RENDAH)

1 bagian Bacardi rum

3 bagian soda klub

12 daun mint

jeruk nipis

3 bungkus Splenda

tangkai mint untuk hiasan

irisan jeruk nipis untuk hiasan

Tempatkan daun mint, Splenda, dan jeruk nipis dalam gelas. Aduk dengan alu. Tambahkan Bacardi, lalu soda klub. Aduk rata dan hiasi dengan tangkai mint dan irisan jeruk nipis.

MOJITO (MAGA MALIBU)

2½ bagian rum mangga Malibu

bagian air jeruk nipis segar

bagian sirup sederhana

3-4 tangkai mint (ditambah ekstra untuk hiasan)

3 irisan jeruk nipis (ditambah 1 untuk hiasan)

2-3 percikan soda klub

Tuang air jeruk nipis dan simple syrup ke dalam gelas. Tambahkan setangkai mint dan irisan jeruk nipis, dan aduk isinya secara menyeluruh. Tambahkan es, rum mangga Malibu, dan percikan soda klub. Hiasi dengan irisan jeruk nipis dan tangkai mint.

MOJITO (BUAH GAIRAH MALIBU)

2 bagian rum markisa Malibu

3 sdm. jus lemon segar

2 sdm. Gula

klub soda

Mint segar

MOJITO (JUTAAN)

1½ ons. 10 Rum tebu

ons. sirup sederhana

1 ons. perasan jeruk nipis segar

8–10 daun mint

percikan sampanye Moët & Chandon

setangkai mint untuk hiasan

Tempatkan sirup sederhana dan daun mint di dasar gelas tinggi. Tekan perlahan dengan muddler. Isi dengan es yang pecah. Tambahkan 10 tebu dan air jeruk nipis. Aduk perlahan dan tutup dengan sampanye Moët & Chandon. Hiasi dengan setangkai mint.

MOJITO (MALIBU NOCHE BLANCA)

3 bagian rum kelapa Malibu

1 bagian air jeruk nipis segar

1 bagian sirup sederhana

1 bagian soda klub

8 lembar daun mint

roda kapur untuk hiasan

Sajikan dalam gelas Collins. Hiasi dengan roda kapur.

MOJITO (O)

1 bagian Bacardi O rum

3 bagian soda klub

12 daun mint

jeruk nipis

bagian gula

tangkai mint untuk hiasan

roda jeruk nipis atau oranye untuk hiasan

Masukkan daun mint, gula, dan jeruk nipis ke dalam gelas. Aduk rata dengan alu. Tambahkan Bacardi O rum, tutup dengan soda klub, aduk rata, dan hiasi dengan setangkai mint dan roda jeruk nipis atau jeruk.

MOJITO (BACARDI ASLI)

1 bagian Bacardi rum

3 bagian soda klub

12 daun mint

jeruk nipis

bagian gula

tangkai mint atau roda jeruk nipis untuk hiasan

Masukkan daun mint, gula, dan jeruk nipis ke dalam gelas. Aduk rata dengan alu. Tambahkan Bacardi, tutup dengan soda klub, aduk rata, dan hiasi dengan setangkai mint atau roda jeruk nipis.

MOJITO (RUM MERAH PERSIH)

1 bagian Bacardi Peach Red rum

3 bagian soda klub

12 daun mint

persik

bagian gula

tangkai mint untuk hiasan

irisan buah persik untuk hiasan

Tempatkan daun mint, gula, dan buah persik dalam gelas. Hancurkan dengan baik dengan alu. Tambahkan rum Bacardi Peach Red, tutup dengan soda klub, aduk rata, dan hiasi dengan setangkai mint dan irisan buah persik.

MOJITO (SONNY)

jeruk nipis, potong-potong

2 sdm. Gula

ons. Châteaux peppermint schnapps

1 ons. Bacardi Superior rum

Es

soda klub ke atas

roda kapur untuk hiasan

Campurkan jeruk nipis dan gula di dasar 8 ons. kaca. Tambahkan schnapps, es, dan Bacardi. Taburi dengan soda klub dan hiasi dengan roda jeruk nipis.

MOJITO (pedas)

1½ ons. Flor de Cana Rum ekstra kering berusia 4 tahun

2 buah semangka berukuran 1 inci

1 potong jalapeo

10 lembar daun mint segar

ons. air jeruk nipis segar

ons. sirup sederhana

1½ ons. klub soda

segitiga semangka untuk hiasan

irisan jalapeo untuk hiasan

setangkai mint untuk hiasan

Dalam gelas pencampur, tambahkan irisan jalapeno diikuti dengan kubus semangka. Campur dengan mint. Tambahkan rum ekstra kering Flor de Cana berusia 4 tahun, sirup sederhana, dan air jeruk nipis. Tambahkan es dan kocok. Saring di atas es segar ke dalam gelas highball dan taburi dengan soda klub. Integrasikan soda klub dengan sendok bar. Hiasi dengan segitiga semangka, irisan jalapeo, dan setangkai mint.

MOJITO
(TRADISIONAL/KUBAN)

1 ons. Bacardi light rum

1 sendok teh. Gula

1 sendok teh. jus jeruk nipis

setangkai mint 6 inci

es untuk diisi

3 ons. klub soda

2 sejumput Angostura pahit

Tempatkan gula, air jeruk nipis, dan mint dalam gelas Collins. Hancurkan batang mint dengan alu dan campur dengan jus dan gula. Tambahkan rum, tambahkan es ke atas gelas, dan tutup dengan soda klub dan pahit. Aduk rata. Menikmati!

MOJITO (KLUB AIR)

1½ ons. Bacardi light rum

ons. jus lemon segar diperas

ons. perasan jeruk nipis segar

1 ons. Guarapo (ekstrak tebu)

ons. curacao biru

6 daun mint

soda klub percikan

mint segar untuk hiasan

Kocok dengan baik dengan es. Sajikan dalam gelas Collins dan hiasi dengan mint segar.

MOJITO (BERRY LIAR)

1½ ons. Rum Cadangan Pyrat XO

2-3 masing-masing blackberry segar, blueberry, dan raspberry

12–14 daun mint segar

Jus dari 1 jeruk nipis

1 ons. sirup sederhana

semprotkan air soda

setangkai mint untuk hiasan

gula halus untuk hiasan

Aduk mint, sirup sederhana, beri liar, dan jus jeruk nipis dalam 14 ons. gelas bola voli. Isi gelas dengan es serut, lalu tambahkan rum Cadangan Pyrat XO. Aduk rata hingga es berkurang 1/3, lalu tambahkan es serut lagi, aduk hingga kaca mulai membeku di bagian luar. Semprotkan dengan air soda dan aduk untuk terakhir kalinya agar tercampur. Hiasi dengan dua sedotan panjang dan setangkai mint yang telah ditaburi gula bubuk.

MOJITO (MUSIM DINGIN)

1½ ons. Ron Anejo Pampero Rum spesial

ons. jus lemon segar

ons. sirup maple

2 sejumput Angostura pahit

6 tangkai mint

Aduk 5 tangkai mint dan pahit dalam shaker. Tambahkan Ron Anejo Pampero Especial rum, jeruk nipis, dan sirup maple. Biarkan selama 1 menit. Kocok keras. Saring ke dalam gelas kuno ganda di atas es segar. Hiasi dengan sisa tangkai mint. Jika dibuat dengan air panas, itu menjadi toddy.

MOJITO MARTINI

1½ ons. Bacardi Limón

ons. vodka lemon

jeruk nipis, belah empat

8 lembar daun mint

Isi gelas martini dengan es serut agar dingin. Isi shaker setengah penuh dengan es yang dihancurkan. Tambahkan sisa bahan, tutup, dan kocok selama sekitar 1 menit. Keluarkan es dari gelas dan tuangkan mojito.

SANGRIA IBU

8 Irisan Apel Merah Lezat

2 jeruk kecil dipotong menjadi empat bagian tipis

12 buah strawberry, iris

2 buah lemon potong iris tipis

12 ons. jus jeruk segar

12 ons. jus lemon segar

6 ons. sirup sederhana

2 batang kayu manis

8 ons. Rum Cadangan Pyrat XO

8 ons. jeruk

2 botol anggur merah Spanyol

7UP ke atas

Tempatkan bahan-bahan di atas, tidak termasuk 7UP, ke dalam wadah kaca besar. Tutup dan dinginkan semalaman. Saat siap disajikan, tuangkan ke dalam teko di atas es, isi 2/3 bagian. Tambahkan irisan buah segar dan taburi dengan 7UP. Aduk perlahan agar tercampur. Sajikan dalam gelas anggur di atas es.

KHUSUS MONYET

1 ons. rum gelap

1 ons. Rum ringan

ons. pisang, kupas

2 ons. es krim vanilla/cokelat

coklat serut untuk hiasan

Taburi dengan coklat serut.

KUNCI INGGRIS

1½ ons. Sailor Jerry Spiced Navy rum

jus jeruk untuk mengisi

Tuang rum Sailor Jerry Spiced Navy di atas es dalam gelas Collins. Isi dengan jus jeruk dan aduk.

MONTEGO MARGARITA

1½ ons. Appleton Estate V/X rum

ons. tiga sec

2 ons. jus lemon atau jeruk nipis

1 sendok es serut

Mencampur. Sajikan dalam gelas tinggi.

LAYAR SINAR BULAN

1 ons. Raspberry rum Laksamana Nelson

1 ons. Rum kelapa Laksamana Nelson

1 ons. Vodka

1 ons. Panah sloe gin

ons. Amaretto

2 ons. jus jeruk

3 ons. jus nanas

ceri untuk hiasan

lemon twist untuk hiasan

Kocok dengan baik dan tuangkan ke dalam gelas tinggi di atas es. Hiasi dengan cherry dan lemon twist.

MORGAN CANNONBALL

1¼ ons. Captain Morgan Original Spiced rum

3 ons. jus nanas

crme de menthe putih untuk mengapung

Blender dua bahan pertama dengan es. Apung creme de menthe putih. Sajikan dalam gelas tinggi.

MORGAN'S JOLLY ROGER

ons. Kapten Morgan Rum berbumbu asli

ons. schnapps kayu manis

Sajikan sebagai tembakan.

MERAH MERAH MORGAN

1 ons. Kapten Morgan Rum berbumbu asli

ons. brendi blackberry

2 ons. jus nanas

ons. jus lemon

Mengaduk.

RUM ALEXANDER BERBUMBU MORGAN

1 ons. Kapten Morgan Rum berbumbu asli

ons. krim cokelat

1 ons. krim kental

parutan pala untuk taburan

Kocok dan saring ke dalam gelas. Taburi dengan pala.

WANITA MORGAN

ons. Kapten Morgan Rum berbumbu asli

ons. Amaretto

dark crme de cacao untuk mengapung

Sajikan sebagai tembakan.

GUNT GAY GRINDER

1½ ons. Gunung Gay rum

jus cranberry untuk mengisi

percikan 7UP

Sajikan dalam gelas tinggi.

PAK. MENJILAT

1 ons. Rum Segel Hitam Gosling

1 ons. minuman keras aprikot

jus nanas untuk mengisi

percikan grenadine

Kocok di atas es dan sajikan di atas batu.

MTB & JAHE

1½ bagian Rum pisang tropis Malibu

minuman jahe

irisan lemon untuk hiasan

Hiasi dengan irisan lemon.

SCREECH teredam

1 ons. Newfoundland Screech rum

ons. tiga detik atau Grand Marnier

2 ons. krim (atau susu

Lapisi Newfoundland Screech dan triple sec atau Grand Marnier di atas beberapa es batu dalam gelas. Taburi dengan krim atau susu. Tidak ada yang bisa mendengar Anda berteriak ...

saus apel MYERS

1½ tembak rum Myers

1 irisan jeruk

6 ons. sari panas

Aduk dalam mug tahan panas.

GELOMBANG PANAS MYERS

ons. Rum gelap Asli Myers

ons. schnapps persik

6 ons. jus nanas

1 percikan grenadine

Tuangkan dua bahan pertama ke dalam gelas di atas es. Isi dengan jus dan taburi dengan grenadine.

POT MADU MYERS

2 ons. Rum Myers

1 sendok teh. sayang

6 ons. air panas

sejumput pala parut

Di bagian bawah cangkir tahan panas, aduk madu dan rum Myers sampai madu larut. Isi dengan air panas. Aduk hingga tercampur. Taburi dengan pala. Jika diinginkan, molase bisa diganti dengan madu.

TETES LEMON MYERS

1 tembakan rum Myers

2-3 butir gula pasir

jus lemon

6 ons. air panas

1 batang kayu manis

Dalam cangkir tahan panas, campur gula pasir, rum Myers, dan jus lemon sampai gula larut. Tambahkan air panas. Aduk dengan batang kayu manis hingga tercampur rata.

MYERS'S LOUNGE LIZARD

1 ons. Rum Myers

ons. Leroux amaretto

cola untuk diisi

irisan jeruk nipis untuk hiasan

Campurkan dua bahan pertama dalam gelas tinggi di atas es. Isi dengan kola. Hiasi dengan irisan jeruk nipis.

RUM MYERS DAN COCOA PANAS TROPIS

16 ons. Rum Myers

4 ons. coklat panas pahit

stroberi berlapis cokelat untuk hiasan

Tuang ke dalam cangkir dan taburi dengan ikal cokelat pahit yang dicukur di atasnya. Hiasi dengan stroberi berlapis cokelat.

MYERS'S RUM BAREL

1 tembakan rum Myers

8 ons. minuman rasa cola panas

irisan lemon untuk hiasan

Aduk perlahan dalam gelas atau mug tahan panas. Hiasi dengan irisan lemon.

MYERS'S RUM COZY

2 ons. Rum Myers

1 sendok teh. Gula

6 ons. teh panas

ons. tiga sec

pala dasbor

Aduk empat bahan pertama dalam cangkir tahan panas. Taburi dengan pala.

GROG LIBUR RUM MYERS

1 ons. Rum Myers

4 ons. sari apel segar, panas

irisan tipis lemon dan roda oranye bertatahkan cengkeh untuk hiasan

Tuang ke dalam cangkir. Hiasi dengan roda lemon dan oranye.

NOG LIBUR RUM MYERS

4 ons. Rum Myers

1 liter es krim vanilla rendah lemak yang dilelehkan

ceri maraschino untuk hiasan

tangkai mint untuk hiasan

Campur dalam mangkuk besar dan dinginkan. Tuang ke dalam seruling sampanye dan hiasi masing-masing dengan ceri maraschino dan setangkai mint segar. Melayani 6 sampai 8.

PUNCH PENANAK RUM MYERS

1¼ ons. Rum Myers

3 ons. jus jeruk

jus dari? lemon atau jeruk nipis

1 sendok teh. serbuk gula sangat halus

dasbor grenadine

irisan jeruk untuk hiasan

ceri maraschino untuk hiasan

Kocok atau blender sampai berbusa. Sajikan di atas es serut dalam gelas highball. Hiasi dengan irisan jeruk dan ceri maraschino.

MYERS'S RUM SHARKBITE

1¼ ons. Rum Myers

jus jeruk untuk mengisi

percikan grenadine Rose

Tuangkan rum Myers ke dalam gelas di atas es batu. Isi dengan jus jeruk dan tambahkan percikan grenadine Rose.

MYERS'S RUM SUNSHINE COCKTAIL

1¼ ons. Rum Myers

2 ons. jus jeruk

2 ons. jus anggur

sdt. serbuk gula sangat halus

sejumput pahit Angostura

ceri untuk hiasan

Kocok dengan es hingga berbusa dan saring ke dalam gelas highball di atas es serut. Hiasi dengan ceri.

SIZZLER MYERS

1 tembakan rum Myers

1 sendok teh. coklat bubuk

1 sendok teh. Gula

1 cangkir susu mendidih

krim kocok manis ke atas

kopi instan atau coklat bubuk untuk taburan

Dalam cangkir tahan panas, aduk kakao dan gula. Tambahkan susu panas dan rum Myers. Aduk hingga kakao larut. Taburi dengan krim kocok dan taburi dengan kopi instan atau coklat.

MYRTLE BANK PUNCH

1¼ ons. Kapten Morgan Rum berbumbu asli

ons. Grenadine

1 ons. jus jeruk nipis

1 sendok teh. Gula

ons. minuman keras ceri

ceri untuk hiasan

irisan jeruk untuk hiasan

Tuangkan empat bahan pertama ke dalam 10-oz. gelas di atas es yang dihancurkan. Taburi dengan cherry liqueur dan hiasi dengan cherry dan irisan jeruk.

NAVY GROG

ons. Sailor Jerry Spiced Navy rum

ons. Vodka

ons. Tequila

ons. tiga sec

1 ons. Amaretto

1 ons. jus jeruk

1 ons. jus nanas

1 ons. Jus cranberry

irisan jeruk untuk hiasan

ceri untuk hiasan

Campur dengan es dan tuangkan ke dalam gelas badai. Hiasi dengan irisan jeruk dan ceri.

NEON

5 ons. Rum kelapa Captain Morgan Parrot Bay

1 ons. Black Haus blackberry schnapps

3 ons. jus nanas

Sajikan di atas es.

NEWFOUNDLAND NIGHT-CAP

1¼ ons. Newfoundland Screech rum

1-2 sdt. gula merah

kopi untuk mengisi

krim kocok ke atas

Tuangkan dua bahan pertama ke dalam cangkir kopi. Isi dengan kopi dan aduk. Atas dengan krim kocok. Bawa yang ini ke tempat tidur bersamamu!

NILLA COLA

1 ons. Rum Vanille Whaler

5 ons. soda

perasan jeruk nipis

irisan jeruk nipis untuk hiasan

Tuang ke dalam gelas koktail di atas es. Hiasi dengan irisan jeruk nipis.

NINETINI

1 ons. Angostura 1919 Rum premium

ons. jeruk curacao

2 ons. campuran manis dan asam

sdt. Gula

4 strip Angostura aromatik pahit

Menggoyang.

NUFF RUM

2 ons. Wray & Keponakan rum

3 ons. Anggur batu jahe

ons. LIMONCELLO

ons. sirup persik

3 sejumput Angostura pahit

jus apel segar untuk mengapung

kulit jeruk untuk hiasan

kulit lemon untuk hiasan

Bangun dalam gelas kuno di atas es batu dan aduk. Hiasi dengan kulit jeruk dan lemon.

NYOTA (SWAHILI UNTUK BINTANG)

3 ons. Rum Afrika Starr

1½ ons. pure acerola

Sampanye Llopart Rosa Cava

ceri kuning untuk hiasan

Kocok dua bahan pertama dengan es dan saring ke dalam gelas martini. Tutup dengan Llopart Rosa Cava atau sampanye lainnya. Hiasi dengan cherry kuning.

BERMUDIAN TUA

1½ ons. Rum Bermuda Emas Gosling

6 daun mint

2 sejumput pahit

ons. jus jeruk nipis

ons. sirup sederhana

ons. sampanye

jeruk nipis untuk hiasan

Aduk daun mint dalam shaker setengah diisi dengan es. Tambahkan rum Gosling, pahit, air jeruk nipis, dan sirup sederhana. Kocok dengan baik dan tuangkan ke dalam gelas Collins. Atas dengan sampanye. Hiasi dengan twist jeruk nipis.

COCKTAIL "SATU-GRAND"

1½ ons. Satu barel rum

ons. Grand Marnier

ons. nektar mangga

ons. perasan jeruk nipis segar

irisan mangga untuk hiasan

Kocok dengan es dan saring ke dalam gelas martini dingin. Hiasi dengan irisan mangga.

Mangkuk Jeruk

1 ons. Bacardi O rum

4 ons. jus jeruk

2 ons. minuman jahe

1 ons. Bacardi Pilih rum

irisan jeruk untuk hiasan

batang kayu manis untuk hiasan

Tuangkan empat bahan pertama ke dalam gelas anggur. Apung Bacardi Pilih rum di atasnya. Hiasi dengan irisan jeruk dan batang kayu manis.

KOLADA ORANGE

2 ons. Rum jeruk Cruzan

1 15-oz. dapatkah Coco Lopez krim kelapa asli?

4 ons. jus nanas

4 ons. jus jeruk

Blender dengan 4 cangkir es.

PIA COLADA ASLI

2 ons. Rum ringan Puerto Rico (atau, untuk sentuhan berbeda, coba rum kelapa Captain Morgan Parrot Bay)

1 ons. Coco Lopez krim kelapa asli

1 ons. krim kental

6 ons. jus nanas segar

irisan nanas untuk hiasan

ceri maraschino untuk hiasan

Blender selama 15 detik dengan cangkir es serut. Tuang ke dalam 12-oz. kaca. Hiasi dengan irisan nanas dan ceri maraschino. Tambahkan sedotan merah. Tip: Untuk rasa tropis terbaik, selalu gunakan jus nanas segar, jangan pernah dikalengkan atau dicampur.

ORO & SODA

2 ons. rum Oronoco

percikan soda

irisan jeruk nipis untuk hiasan

Tuang rum Oronoco ke dalam gelas batu di atas es. Siram dengan soda dan aduk. Hiasi dengan irisan jeruk nipis.

ORO COSMO

2 ons. rum Oronoco

1 sendok teh. Grand Marnier

1 sendok teh. Jus cranberry

1 sendok teh. jus jeruk nipis

jeruk nipis untuk hiasan

Kocok di atas es dan saring ke dalam gelas martini dingin. Hiasi dengan twist jeruk nipis.

ORO GIMLET

2 ons. rum Oronoco

2 buah jeruk nipis

2 ons. jus jeruk nipis

percikan tonik

percikan soda

dasbor sirup sederhana

irisan jeruk nipis untuk hiasan

Aduk irisan jeruk nipis dalam shaker. Tambahkan rum Oronoco, air jeruk nipis, dan sirup sederhana, dan kocok kuat-kuat dengan es serut. Saring ke dalam gelas Collins di atas es batu. Taburi dengan tonik dan soda cipratan yang sama. Hiasi dengan irisan jeruk nipis.

ORO DI BATU BATU

2 ons. rum Oronoco

irisan jeruk nipis untuk hiasan

Tuang Oronoco ke dalam gelas batu pendek di atas es batu. Hiasi dengan irisan jeruk nipis yang baru dipotong.

WANITA LAIN

1 ons. Rum vanila Premium Laksamana Nelson

1 ons. soda putih

percikan cola

ceri untuk hiasan

Tuang ke dalam gelas koktail dan hiasi dengan ceri.

MARTINI JERUK JERUK GOSLING

3 ons. Rum Bermuda Emas Gosling

1 sendok teh. campuran kayu manis-gula

irisan jeruk

3 ons. sari buah apel, dinginkan

ons. jus jeruk

ons. Cointreau

twist oranye untuk hiasan

Tempatkan gula kayu manis dalam piring. Gosok irisan jeruk di sekitar tepi gelas martini dan celupkan ke dalam gula kayu manis. Kocok sisa bahan di atas es dan saring ke dalam gelas martini berbingkai. Hiasi dengan sentuhan oranye.

PUNCH ANGGUR

1¼ ons. Bacardi light rum

jus anggur untuk mengisi

irisan jeruk nipis atau lemon

    Tuang rum Bacardi ringan ke dalam gelas tinggi di atas es. Isi dengan jus anggur dan tambahkan perasan jeruk nipis atau lemon.

BELALANG

1 ons. Bacardi light rum

ons. Hiram Walker green créme de menthe

ons. krim

    Blender dengan es serut.

PENGGALI KUBURAN

ons. Stroh 80 rum

ons. Malibu rum

ons. Midori

3 ons. jus nanas

Sajikan di atas es dalam gelas tinggi.

PUTIH HEBAT

1 ons. Rum Whaler's Great White

1 ons. Jus cranberry

4 ons. jus jeruk

irisan lemon untuk hiasan

Tuangkan bahan ke dalam gelas koktail di atas es. Hiasi dengan irisan lemon.

MONYET HIJAU

1½ ons. Rum pisang tropis Malibu

bagian melon minuman keras

1½ ons. asam segar

1½ ons. jus nanas

    Kocok dengan es. Sajikan di atas es.

burung beo **HIJAU**

1½ ons. Appleton Estate V/X rum

4 ons. jus jeruk

1 ons. curacao biru

irisan jeruk untuk hiasan

Tuangkan bahan, satu per satu dalam urutan yang tercantum di atas, ke dalam gelas bertangkai besar di atas es. Jangan di campur. Hiasi dengan irisan jeruk.

GUAYAVITA

1½ ons. Flor de Caña Grand Reserve Rum berusia 7 tahun

1 ons. bubur jambu biji

2 ons. campuran asam

    Kocok dan sajikan di atas batu.

HAPPY ENDINGS' GILLIGAN

1 ons. rum kelapa Malibu

1 ons. rum mangga malibu

1 ons. Rum pisang tropis Malibu

ons. Jus cranberry

ons. jus nanas

ceri untuk hiasan

Kocok dengan es dan sajikan di atas batu. Hiasi dengan ceri.

TOPI KERAS

1¼ ons. Bacardi Silver rum

1¼ ons. air jeruk nipis segar

1 sendok teh. Gula

ons. grenadine mawar

soda klub untuk diisi

Kocok tiga bahan pertama dengan es dan saring menjadi 10-oz. kaca. Isi dengan soda klub.

HAVANA BANANA FIZZ

2 ons. Rum ringan

2½ ons. jus nanas

1½ ons. air jeruk nipis segar

3-5 potong pahit Peychaud

1/3 pisang, iris

soda lemon pahit untuk diisi

Blender lima bahan pertama. Isi dengan soda lemon pahit.

HAVANA SIDECAR

1½ ons. Rum emas Puerto Rico

ons. jus lemon

ons. tiga sec

Campur dengan 3-4 es batu.

KHUSUS HAVANA

2 ons. Rum putih

1 sendok teh. minuman keras cherry maraschino

sdm. Gula

1 ons. jus lemon atau jeruk nipis

Kocok dan sajikan di atas batu.

DAISY HAWAI

1½ ons. Bacardi light rum

1 ons. jus nanas

ons. jus lemon atau jeruk nipis

ons. Grenadine

soda klub ke atas

Tuangkan empat bahan pertama ke dalam gelas dan taburi dengan soda klub.

HAWAI HULA

1½ bagian Rum pisang tropis Malibu

bagian jambu biji nektar

bagian campuran asam segar

pembuka botol oranye untuk hiasan

Kocok dan saring ke dalam gelas martini. Hiasi dengan pembuka botol oranye.

MALAM HAWAI

1 ons. Bacardi light rum

ons. Brandy rasa ceri Hiram Walker

jus nanas untuk mengisi

    Tuang rum Bacardi ringan ke dalam gelas tinggi yang setengah diisi dengan es. Isi dengan jus nanas dan apung brendi rasa ceri di atasnya.

COBLER PERKEBUNAN HAWAIIAN

1½ ons. Rum Cadangan Pyrat XO

ons. Minuman keras jeruk

1½ ons. manis dan asam segar

ons. sirup sederhana

potong nanas kupas

minuman jahe

setangkai mint untuk hiasan

jahe mengkristal untuk hiasan

Kocok lima bahan pertama. Isi dengan ginger ale, lalu tuangkan ke dalam gelas di atas es. Hiasi dengan setangkai mint segar dan jahe mengkristal.

HEMINGWAY DAIQUIRI

1½ ons. 10 Rum tebu

ons. Minuman keras ceri Luxardo maraschino

1 ons. jus jeruk segar diperas

ons. perasan jeruk nipis segar

ons. sirup sederhana

roda kapur untuk hiasan

ceri hitam untuk hiasan

Campurkan semua bahan dalam gelas pencampur. Tambahkan es dan kocok kuat-kuat. Saring ke dalam gelas koktail dingin. Hiasi dengan roda jeruk nipis dan ceri hitam di tusuk sate.

SAPI PISANG KUDUS

1 ons. Shango rum

1 ons. creme de banana

1½ ons. krim

dasbor grenadine

irisan pisang untuk hiasan

parutan pala untuk garnish

    Kocok dengan es serut dan saring ke dalam gelas. Taburi atasnya dengan sepotong pisang dan taburi sedikit pala.

RUM PANAS BERMENTEGA

1 ons. Rum Vanille Whaler, per porsi

1 cangkir gula

1 cangkir gula merah

1 cangkir mentega

2 cangkir es krim vanila

cangkir air mendidih, per porsi

parutan pala untuk garnish

    Campurkan gula dan mentega dalam panci 2 liter. Masak dengan api kecil, aduk hingga mentega meleleh. Campurkan campuran matang dengan es krim dalam mangkuk besar dan kocok dengan kecepatan sedang hingga halus. Simpan dalam lemari es hingga 2 minggu atau beku hingga sebulan. Untuk setiap porsi, isi cangkir dengan campuran, dan tambahkan 1 ons. Rum Vanille Whaler dan cangkir air mendidih. Taburi dengan pala.

RUM PANAS DAN CIDER PUNCH

1 botol (750 ml) Don Q light rum

galon sari apel

cengkeh untuk hiasan

irisan lemon untuk hiasan

batang kayu manis untuk hiasan

Tuang rum ringan Don Q ke dalam mangkuk dan tambahkan sari apel yang dipanaskan. Mengaduk. Hiasi dengan irisan lemon yang ditempel dengan cengkeh. Tambahkan batang kayu manis ke setiap cangkir punch untuk meningkatkan rasa. Melayani 12.

VOODOO AYAH PANAS

1 ons. Rum berbumbu VooDoo

ons. butterscotch schnapps

5 ons. coklat panas

krim kocok ke atas

    Campurkan tiga bahan pertama dalam cangkir dan taburi dengan krim kocok.

KACA JAM

1½ ons. Rum berbumbu Premium Laksamana Nelson

4 ons. jus jeruk

percikan grenadine

Sajikan di atas es.

PALU

1 ons. Rum berbumbu Premium Laksamana Nelson

1 ons. Kopi Caffe Lolita

2 sendok es krim vanilla

Blender dengan es serut dan sajikan dalam gelas dekoratif.

Badai ANDREW

1 ons. Cockspur Five Star berwarna rum

1 ons. Rum putih cockspur

1 ons. Sirup Orgeat

1 ons. jus buah markisa

3 ons. jus jeruk

ons. jus jeruk nipis

ceri maraschino untuk hiasan

irisan jeruk untuk hiasan

Kocok dengan baik dengan es dan tuangkan ke dalam gelas badai dingin. Hiasi dengan ceri maraschino, irisan jeruk, dan payung.

PEMECAH ES

ons. Rum gelap asli Myers

ons. creme de noya

ons. Cognac

ons. gin

2 ons. jus lemon

1 ons. jus jeruk

    Menggoyang.

DALAM PINK

1¼ ons. rum krim asli Myers

1 ons. Coco Lopez krim kelapa asli

1 sendok teh. Grenadine

Campur dengan es.

LEWATKAN YANG TIDAK BERBEDA

ons. Kapten Morgan Rum berbumbu asli

ons. jus jeruk nipis

1 sendok teh. sirup sederhana

3 ons. klub soda

Tuangkan rum, jus, dan sirup di atas es dalam gelas. Mengaduk. Tambahkan soda dan aduk perlahan.

MAI TAI INTERNASIONAL

ons. Malibu rum

ons. Rum gelap asli Myers

ons. Rum

1 sendok teh. Sirup Orgeat

2 ons. jus nanas

2 ons. campuran manis dan asam

Campur dengan es. Sajikan dalam gelas tinggi.

ES TEH ISLA GRANDE

1½ ons. Rum gelap Puerto Rico

3 ons. jus nanas

3 ons. es teh yang diseduh tanpa pemanis

irisan lemon atau jeruk nipis untuk hiasan

Tuang ke dalam gelas tinggi dengan es. Hiasi dengan irisan lemon atau jeruk nipis.

SUNSET PULAU

1 ons. Rum Cadangan Langka Whaler

1 ons. Rum Whaler's Great White

1 sendok teh. sirup buah markisa

2 sdt. jus jeruk nipis

dasbor grenadine

irisan jeruk nipis untuk hiasan

Kocok dan tuangkan ke dalam gelas badai dingin di atas es. Hiasi dengan irisan jeruk nipis.

PULAU VOODOO

1½ ons. Rum berbumbu VooDoo

1½ ons. RedRum

2 ons. jus jambu

2 ons. jus mangga

ons. air jeruk nipis segar

ons. jus lemon segar

Blender dengan es dan sajikan dalam gelas tinggi.

COLADA ITALIA

1½ ons. Rum putih Puerto Rico

ons. krim manis

ons. Coco Lopez krim kelapa asli

2 ons. jus nanas

ons. Amaretto

Blender dengan 1 sendok es serut.

GIOK

1½ ons. Rum putih Puerto Rico

ons. jus jeruk nipis

1 sendok teh. Gula

dasbor tiga detik

dash green créme de menthe

    Menggoyang. Sajikan di atas es.

SALJU JAMAIKA

1¼ ons. Rum

ons. curacao biru

2 ons. Coco Lopez krim kelapa asli

2 ons. jus nanas

    Blender dengan 2 gelas es batu.

LIBUR JAMAIKA

11/3 ons. Appleton Estate V/X Rum Jamaika

buah persik (kupas atau kalengan)

jus jeruk nipis

1 sendok teh. Gula

irisan buah persik untuk hiasan

Blender dengan 1 sendok es serut. Sajikan dalam gelas koktail. Hiasi dengan irisan buah persik.

SHAKE JAMAIKA

1 tembakan rum gelap Asli Myers

wiski campuran wiski

2 ons. susu atau krim

Campur dengan es.

SUNSET JAMAIKA

2 ons. Wray & Keponakan rum

2 ons. Jus cranberry

3 ons. jus jeruk segar diperas

Kocok semua bahan dengan es dan saring ke dalam gelas Collins yang berisi es.

PANGGILAN BANGUN JAMAIKA

1½ ons. Appleton Estate V/X Rum Jamaika

kopi hitam panas untuk mengisi

krim kocok ke atas

Tuang rum Appleton Estate V/X Jamaica ke dalam cangkir kopi. Isi dengan kopi dan atasnya dengan krim kocok.

Kekasih Cemburu

2 ons. Rum Afrika Starr

3 buah strawberry besar

ons. air jeruk nipis segar

ons. jus nanas

ons. sirup sederhana

Menghancurkan stroberi. Kocok dengan es dan saring ke dalam gelas martini.

JONESTOWN COOL-AID

2 ons. RedRum

ons. jus nanas

ons. Jus cranberry

Kocok dengan es. Sajikan sebagai koktail atau tembakan.

JUMBLE brew

1 ons. Rum kelapa Cruzan

1 ons. Rum nanas Cruzan

3 ons. jus jeruk

perasan jeruk nipis

Campurkan tiga bahan pertama dan tambahkan perasan jeruk nipis. Tuang ke dalam gelas tinggi di atas es. Hiasi dengan bunga eksotis.

lompat dan cium aku

ons. Rum Sea Wynde

ons. Minuman keras Galliano

ons. Minuman keras aprikot aprikot Marie Brizard

dasbor campuran asam manis gourmet Dr. Swami & Bone Daddy

jus jeruk

jus nanas

Kocok lima bahan pertama dengan es dan saring ke dalam gelas Collins. Isi dengan jus jeruk dan jus nanas.

JUMP UP BANANA-NANA

1/3 cangkir rum pisang Cruzan

1 obat pisang

1 jeruk nipis, peras

1 sendok teh. madu atau gula bubuk halus

1 sendok teh. ekstrak vanili

irisan nanas untuk hiasan

ceri untuk hiasan

Blender dengan 2 gelas es serut hingga halus. Tuang ke dalam gelas bertangkai dan hiasi dengan irisan nanas dan ceri.

JUNGLE FLAME

2 ons. Rum Afrika Starr

irisan lemon segar

ons. sirup sederhana

soda jeruk nipis

    Potong lemon dan masukkan potongan ke dalam mixer dengan es, rum Afrika Starr, dan sirup. Tuang ke dalam gelas highball. Taburi dengan soda lemon-lime.

KAHLUA COLADA

ons. Rum

1 ons. Coco Lopez krim kelapa asli

2 ons. jus nanas

1 ons. Kahlua

    Blender dengan 1 gelas es batu.

KUNCI MIMPI KAPUR

1½ ons. Rum ringan

ons. Air jeruk nipis mawar

2 sendok es krim vanilla

Campur dengan es.

LAGU KUNCI BARAT

1¼ ons. Kapten Morgan Rum berbumbu asli

1 ons. krim kelapa

2 ons. jus jeruk

    Blender hingga halus dengan 1 gelas es dan tuangkan ke dalam gelas.

KILLA'COLA

2 ons. Rum kelapa Whaler's Killer

ons. hipnotis

4 ons. soda

ceri untuk hiasan

Tuang ke dalam gelas koktail di atas es dan hiasi dengan ceri.

PEMBUNUH COLADA

3 ons. Rum kelapa Whaler's Killer

3 sdm. santan

3 sdm. nanas yang dihancurkan

irisan nanas untuk hiasan

2 buah ceri untuk hiasan

Blender dengan kecepatan tinggi dengan 2 cangkir es serut. Tuang ke dalam gelas badai dingin dan hiasi dengan irisan nanas dan ceri.

RITA " PEMBUNUH "

2 ons. Rum kelapa Whaler's Killer

1 ons. tiga sec

1 ons. jus nanas

ons. santan

garam ke kaca pelek

ceri maraschino untuk hiasan

Rim gelas margarita dengan garam. Campur dan tuangkan ke dalam gelas margarita di atas es. Hiasi dengan ceri maraschino.

KOPI KINGSTON

4 ons. kopi yang baru diseduh

1 ons. Rum Myers

krim kocok sesendok

coklat bubuk pahit untuk taburan

batang kayu manis untuk hiasan

Tuangkan dua bahan pertama ke dalam cangkir atau cangkir kopi. Taburi dengan whipped cream dan taburi bubuk coklat pahit di atasnya. Hiasi dengan batang kayu manis.

KINGSTON COSMO

2 ons. Appleton Estate V/X Rum Jamaika

ons. Cointreau

percikan jus cranberry

perasan jeruk nipis

Tuangkan dua bahan pertama ke dalam gelas. Taburi dengan jus cranberry dan perasan jeruk nipis.

KINGSTON SOUR

1½ ons. Wray & Keponakan rum

irisan pir segar (ditambah lagi untuk hiasan)

ons. jus apel

ons. brendi aprikot

campuran asam dasbor

1/8 ons. Creme de Cassis

Campurkan tiga bahan pertama, lalu kocok keras dengan semua bahan lainnya di atas es. Saring ke dalam gelas highball berisi es. Hiasi dengan irisan buah pir.

KOKO-COLA

1½ ons. Rum kelapa Cruzan

2 ons. soda

peras jeruk nipis

Campur dengan es dan sajikan di atas batu.

KON-TIKI

1½ ons. Tujuh Tiki rum

2 ons. nektar mangga

2 ons. Jus cranberry

lari cepat

Tuang ke dalam gelas highball dengan es. Mengaduk.

LABADU

3 ons. Malibu rum

3 ons. jus nanas

1 ons. es krim susu atau vanilla

Campur dengan es.

LADY HAMILTON

1½ ons. Rum Pusser

1 sendok teh. air jeruk nipis segar

Bagian yang sama:

    jus buah markisa

    jus jeruk

    minuman jahe

TAWA

1½ ons. Cockspur Old Gold rum

1 ons. jus jeruk nipis

1 sendok teh. Gula

3-4 lembar daun mint

soda klub ke atas

Campurkan air jeruk nipis, mint, dan gula dalam gelas Collins atau highball. Aduk perlahan untuk memar mint. Isi gelas dengan es. Tambahkan rum Cockspur Old Gold. Atas dengan soda. Aduk rata.

LIGHT 'N STORY

2 ons. 10 Rum tebu

3-4 ons. bir jahe

ons. perasan jeruk nipis segar

irisan jeruk nipis untuk hiasan

manisan jahe untuk hiasan

Isi gelas highball penuh dengan es. Campurkan semua bahan dan aduk. Hiasi dengan irisan jeruk nipis dan manisan jahe.

LIME FIZZ

2 ons. Rum kapur emas Brinley

3 ons. soda klub (atau soda lemon-lime jika Anda suka lebih manis)

1 buah jeruk nipis

Tuangkan dua bahan pertama ke dalam gelas. Peras dan hiasi dengan irisan jeruk nipis.

LIME LUAU

1 ons. Rum pisang Pulau Besar Whaler

2 ons. Vodka

air jeruk nipis secukupnya

sirup jeruk dasbor

Aduk dengan es dan sajikan dalam gelas koktail.

LIMÓN MERINGUE PIE SHOT DRINK

2 ons. Bacardi Limón rum

1 ons. Disaronno Originale amaretto

gula bubuk

krim kocok siap pakai (sebaiknya dalam kaleng)

Minta seseorang menaburkan gula bubuk di lidah Anda, lalu minum Bacardi Limón dengan Disaronno amaretto, tapi jangan ditelan. Minta seseorang menyemprotkan krim kocok ke mulut Anda, lalu kocok dan telan sepotong kecil pai.

RAMUAN CINTA

1 ons. Rum

ons. bir pisang

ons. tiga sec

1 ons. jus jeruk

1 ons. jus nanas

irisan jeruk untuk hiasan

irisan nanas untuk hiasan

irisan pisang untuk hiasan

Hiasi dengan irisan jeruk, nanas, dan pisang.

Tongkat CINTA

2 ons. Cockspur Five Star berwarna rum

1 ons. Rum putih cockspur

ons. tiga sec

1 ons. jus nanas

1 ons. jus jeruk

1 ons. jus jeruk nipis

ons. sirup buah

Kocok dengan baik dengan es. Tuang ke dalam gelas tinggi.

WANITA BERUNTUNG

ons. Bacardi light rum

ons. Hiram Walker anisette

ons. Hiram Walker white créme de cacao

ons. krim

MALIBU ACOMPÁÑAME

2 bagian rum kelapa Malibu

1 bagian Hiram Walker tiga detik

percikan air jeruk nipis segar

MALIBU SETELAH TAN

1 bagian rum kelapa Malibu

1 bagian crème de cacao putih

2 sendok es krim vanilla

Blender dengan es dan sajikan dalam gelas khusus.

MALIBU PISANG SAPI

1½ bagian krim

1 bagian Malibu Tropical banana rum

1 bagian rum kelapa Malibu

dasbor grenadine

pala parut untuk taburan

irisan pisang untuk hiasan

Kocok dan saring ke dalam gelas koktail. Taburi dengan pala dan hiasi dengan irisan pisang.

MALIBU BANANA-BERRY SPLIT

1 bagian Malibu Tropical banana rum

1 bagian Stoli Razberi vodka

jus lemon

sirup sederhana

Kocok dengan es dan sajikan dalam gelas.

MALIBU BANANA MANGO BREEZE

1 bagian Malibu Tropical banana rum

1 bagian rum mangga Malibu

1 bagian campuran asam segar

1 bagian jus cranberry

MALIBU BANANA PADDY

1 bagian Malibu Tropical banana rum

1 bagian Kahlúa

percikan peppermint schnapps

MALIBU BANANA SPLIT

1 bagian Malibu Tropical banana rum

percikan amaretto

percikan creme de cacao

krim kocok untuk hiasan

ceri untuk hiasan

Hiasi dengan krim kocok dan ceri.

MALIBU BANANA TROPIC-TINI

1½ bagian Rum pisang tropis Malibu

bagian peach schnapps

bubur mangga sesendok

percikan nektar buah markisa

ceri untuk hiasan

Kocok dan sajikan sebagai martini. Hiasi dengan ceri.

MALIBU BANANA ZINGER

2 ons. Rum pisang tropis Malibu

2 sendok serbat lemon

2 ons. campuran asam

irisan lemon untuk hiasan

Campurkan dalam blender dengan 2 gelas es. Hiasi dengan irisan lemon. Membuat 2 minuman.

PANTAI MALIBU

1½ ons. Malibu rum

1 ons. vodka smirnoff

4 ons. jus jeruk

Sajikan di atas es.

LAGOON BIRU MALIBU

1 bagian rum kelapa Malibu

4 bagian jus nanas

bagian biru curaçao

MALIBU KARIBENO

3 bagian rum kelapa Malibu

1 bagian Martel cognac

bagian nanas

bagian jus lemon segar

irisan lemon untuk hiasan

Sajikan di atas batu. Hiasi dengan irisan lemon.

MALIBU COCO COLADA MARTINI

3 bagian rum kelapa Malibu

1 bagian Hiram Walker tiga detik

bagian krim kelapa asli Coco Lopez

bagian air jeruk nipis segar

irisan jeruk nipis untuk hiasan

Sajikan dalam gelas martini. Hiasi dengan irisan jeruk nipis.

MALIBU COCO-COSMO

2 bagian rum kelapa Malibu

percikan tiga detik

percikan jus delima

percikan jus cranberry

air jeruk nipis secukupnya

jeruk nipis untuk hiasan

Kocok dengan es dan saring ke dalam gelas martini. Hiasi dengan twist jeruk nipis.

MALIBU COCO-LIBRE

1 bagian rum kelapa Malibu

3 bagian cola

irisan jeruk nipis untuk hiasan

Sajikan di atas es dalam gelas tinggi. Hiasi dengan irisan jeruk nipis.

KRIM KELAPA MALIBU

2 bagian rum kelapa Malibu

1 sendok yogurt vanilla beku

jus jeruk untuk mengisi

Tuang dua bahan pertama ke dalam gelas dan isi dengan jus jeruk. Mengaduk. Sajikan sebagai minuman pelampung. Bisa juga dicampur dalam blender dan disajikan sebagai shake.

PENYEMBUH KELAPA MALIBU

2 bagian rum kelapa Malibu

2 bagian soda lemon-lime

1 bagian air jeruk nipis

Sajikan di atas es dalam gelas tinggi.

MALIBU TANPA AKHIR MUSIM PANAS

2 bagian rum pisang tropis Malibu

1 irisan lemon

1 buah jeruk nipis

irisan pisang untuk hiasan

Hancurkan lemon dan jeruk nipis. Tambahkan rum pisang Malibu Tropical. Kocok dan saring ke dalam gelas martini. Hiasi dengan irisan pisang.

KICK PERANCIS MALIBU

1 bagian rum markisa Malibu

percikan Martell cognac

percikan jus lemon

percikan sirup sederhana

MALIBU ISLA VIRGEN

2 bagian rum kelapa Malibu

bagian minuman persik

bagian amaretto

MALIBU MANGO TELUK ANGIN

2 bagian rum mangga Malibu

1½ bagian jus cranberry

1½ bagian jus nanas

MALIBU MANGO KAMIKAZE

1 bagian rum mangga Malibu

1 bagian Stoli jeruk vodka

bagian tiga kali dtk

bagian air jeruk nipis segar

MALIBU MANGO-LIME MARTINI

1½ bagian rum mangga Malibu

1½ bagian Stoli Vanil vodka

1 bagian air jeruk nipis

1 bagian sirup sederhana

MALIBU MANGO MAI TAI

2 bagian rum mangga Malibu

1 bagian jus jeruk

1 bagian jus nanas

perasan air jeruk nipis

percikan sirup sederhana

ons. rum gelap

Tuangkan lima bahan pertama ke dalam gelas dan apungkan rum gelap dengan hati-hati di atasnya.

MALIBU MARGARITA

1¼ bagian rum kelapa Malibu

1 bagian Tezon tequila

bagian biru curaçao

bagian air jeruk nipis segar

1½ bagian jus lemon manis

Kocok isinya dalam gelas pencampur es dan saring ke dalam gelas khusus rumah es. Hiasi dengan irisan jeruk nipis.

MALIBU MEGA-NUT

2 bagian rum kelapa Malibu

minuman keras hazelnut dasbor

soda jeruk nipis

serpihan kelapa serut untuk hiasan

Tuangkan dua bahan pertama ke dalam gelas tinggi dengan es dan isi dengan soda lemon-lime. Hiasi dengan serpihan kelapa serut.

MALIBU MEXICANA MAMA

1 bagian rum kelapa Malibu

bagian minuman kopi Kahlúa

bagian putih crme de menthe

1½ bagian krim kental

Kocok dengan es dan saring ke dalam gelas di atas es yang dihancurkan. Hiasi dengan 2 lembar daun mint.

Angin Tengah Malam MALIBU

1 bagian rum kelapa Malibu

bagian rum pisang tropis Malibu

1 bagian curaçao biru

jus nanas untuk mengisi

Bangun dengan es. Dapat dibiarkan terguncang atau berlapis.

MALIBU NOCHE LIBRE

1 bagian rum kelapa Malibu

3 bagian cola

perasan air jeruk nipis

irisan jeruk nipis untuk hiasan

Sajikan dalam gelas Collins. Hiasi dengan irisan jeruk nipis.

MALIBU DI PANTAI

1 ons. Malibu rum

ons. Krim Irlandia Baileys

Sajikan sebagai tembakan.

MALIBU ORANGE COLADA

1½ ons. Malibu rum

1 ons. tiga sec

4 ons. Coco Lopez krim kelapa asli

GAIRAH ORANGE MALIBU

1 bagian rum markisa Malibu

1 bagian Stoli vodka

2 bagian jus jeruk

MALIBU PASSION FRUIT COSMO

1 bagian rum markisa Malibu

1 bagian Stoli Vanil vodka

1 bagian jus cranberry percikan air tonik

MALIBU PASSION FRUIT SAKE-TINI

1 bagian rum markisa Malibu

1 bagian Stoli vodka

bagian demi

percikan pure buah markisa

MALIBU PASSION POPPER

1 bagian rum markisa Malibu

percikan cola

percikan jus ceri

Kocok dengan es dan saring ke dalam gelas.

MALIBU PASSION TEH

1 bagian rum markisa Malibu

2 bagian es teh

1 bagian soda lemon-lime

irisan jeruk nipis untuk hiasan

Sajikan di atas es dalam gelas tinggi. Hiasi dengan irisan jeruk nipis.

NANAS MALIBU COSMOPOLITAN

1½ bagian rum nanas Malibu

bagian Hiram Walker tiga detik

bagian air jeruk nipis segar

bagian jus cranberry

irisan jeruk nipis untuk hiasan

Kocok dalam gelas pencampur es dan saring ke dalam gelas koktail dingin. Hiasi dengan irisan jeruk nipis.

www.ingramcontent.com/pod-product-compliance
Lightning Source LLC
Chambersburg PA
CBHW070411120526
44590CB00014B/1357